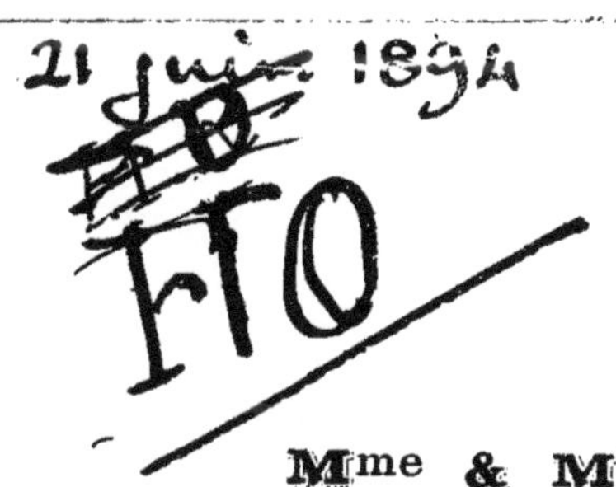

VENTE

AU PROFIT DE

Mme & Mlle SCIOLÉTICH

Organisée sous le Patronage

DE

Mme SARAH BERNHARDT

ET DE

**MM. A. HOUSSAYE - A. SYLVESTRE
MASSENET - CATULLE-MENDÈS - A. BRUNEAU
E. BLANC - P. DESMOULINS - L. LAVIGERIE
C. GODEBSKY - E. MORAND**

HOTEL DROUOT, SALLE Nº 10

Le Jeudi 21 Juin 1894, à deux heures

COMMISSAIRE-PRISEUR	EXPERT
Mᵉ G. COULON	**M. VANNES**
56, Faubourg Montmartre	54, Faubourg Montmartre

EXPOSITION PUBLIQUE :
Le Mercredi 20 Juin, de 2 h. à 5 h. 1/2

DC5412

IMPRIMERIE ARTISTIQUE

———

E. MÉNARD & Cie

Bureaux et Ateliers : Paris — 8, Rue Milton

VENTE

AU PROFIT DE

Mme & Mlle SCIOLÉTICH

Organisée sous le Patronage

DE

MME SARAH BERNHARDT

ET DE

**MM. A. HOUSSAYE - A. SYLVESTRE
MASSENET - CATULLE-MENDÈS - A. BRUNEAU
E. BLANC - P. DESMOULINS - L. LAVIGERIE
C. GODEBSKY - E. MORAND**

HOTEL DROUOT, SALLE N° 10

Le Jeudi 21 Juin 1894, à deux heures

COMMISSAIRE-PRISEUR	EXPERT
Me G. COULON	**M. VANNES**
56, Faubourg Montmartre	54, Faubourg Montmartre

EXPOSITION PUBLIQUE :
Le Mercredi 20 Juin, de 2 h. à 5 h. 1/2

CONDITIONS DE LA VENTE

———

La vente sera faite *expressément* au comptant.

Les acquéreurs payeront en sus des adjudications, *cinq pour cent*, applicables au frais de la vente.

L'exposition mettant le public à même de se rendre compte de l'état des objets, aucune réclamation ne sera admise une fois l'adjudication prononcée.

Paris. — Imp. E. Ménard & Cⁱᵉ, 8, rue Milton.

PRÉFACE

JEAN et ANTOINE SCIOLÉTICH, tous deux
compositeurs distingués, moururent
dans la même année, laissant dans l'infortune leur mère âgée et leur sœur ; la mort
qui les enlevait si prématurément, ne
leur laissa pas le temps, sinon d'arriver à
la fortune, du moins d'assurer l'avenir de
celles qui leur étaient chères. C'est pour
les substituer dans la mesure du possible
que Gounod, qui les aimait particulièrement, dans un élan de charité, qui lui était
familier, écrivit à ses confrères cette
lettre si touchante dans sa simplicité :

« Je recommande à la bienveillance de mes confrères littérateurs et artistes, la situation précaire de Madame et de Mademoiselle Scioletich, et fais appel à leur gracieux abandon, soit d'autographes, soit de dessins, soit de musique manuscrite, pour aider à l'organisation d'une vente en faveur de cette double infortune. »

CH. GOUNOD.

Un appel de cette nature venant de si haut, devait être entendu, il le fut, car c'est rarement en vain qu'on frappe à la porte des artistes, quand il s'agit d'une infortune imméritée. Sarah Bernardt à bien voulu se joindre, pour porter bonheur aux protégées de Ch. Gounod, au Comité qui s'est formé en vue de cette bonne action. Puisse cette bonne pensée de la grande tragédienne être fructueuse à la famille Sciolétich.

E. VANNES.

DÉSIGNATION SOMMAIRE

Tableaux, Aquarelles, Dessins

1 — **Alt (F.).** *Le restaurant Ledoyen.* Aquarelle.

2 — **Barrias.** *L'Almée.* Eau-forte.

3 — **Bouguereau.** *La Joueuse de pipeaux.* Dessin.

4 — **Blanchard.** Eau-forte.

5 — **De Callias** (**H**.). *La lecture.* Peinture.

6 — **Castiglionne.** *Tête de jeune femme.* Dessin à la plume.

7 — **Desmoulins** (**F**.). Eau-forte.

8 — **Detaille.** Reproduction de l'un de ses tableaux.

9 — **Frappa** (**José**). *Le joyeux moine.* Dessin à la plume.

10 — **Gérôme.** *Le Joueur de tambourin.* Dessin.

11 — **Gounod** (**J**.). *Tête de jeune femme, à la sanguine.*

12 — **Hagborg**. *La Lessiveuse·*
Aquarelle.

13 — **Kornel (H.)**. *Tête de Hongrois*. Peinture.

14 — **Kornel (H.)**. *Tête de femme*. Peinture.

15 — **Mazeline (Mme J.)** *Une Bretonne à Carnac.*

16 — **Meissonier (E.)**. Eau-forte avant la lettre.

17 — **Merwart (P.)**. *Sentier sous bois à Sannois.*

18 — **Parys (Mme Van)**. Aquarelle.

19 — **Puvis de Chavannes**. *Tête de jeune femme*. Dessin.

20 — **Stanislaski**. *Paysage*. Peinture.

Sculptures

21 — **Dubois (Paul)**. *Une coupe en bronze*. Première épreuve.

22 — **Frémiet**. *Un chien*. Bronze.

23 — **Godebsky (C.)**. *Faïence en ronde bosse*.

24 — **Godbeska (Mme de la Fresnaye)**. *Album en bois sculpté*.

25 — **Kautsch (H.).** *Petit bas-re-
lief*, d'après DONATELLO. (Argent
ciselé.)

26 — **Mercié (A.).** *Belle tête de
jeune femme.* Cire modelée.

Musique inédite et Manuscrite

27 — **Audran.** Mélodie du 3e acte
de l'*Oncle Célestin.*

28 — **Bruneau.** *L'attaque du Mou-
lin.* (Scénario.)

29 — **Bertha (A. de).** *Czarda.* Inédite.

30 — **Danhauser.** *Dormez*, chant pour les petits enfants. Berceuse.

31 — **Dubois (Th.).** *Prélude* pour orgue. Inédit.

32 — **Duprato.** *Le flacon.*

33 — **Gastinel.** *Offertoire* pour violon, violoncelle, orgue. Inédit.

34 — **Godard (Benjamin).** *Sous bois*, pour piano.

35 — **Gounod (Ch.).** *L'anniversaire des Martyrs.*

36 — **Gounod (Ch.).** Partition de *Faust,* avec envoi signé.

347.50

15 37 — **Guillemant.** *Noël Brabançon.*

12 38 — ~~Ernest~~ **Guiraud.** Fragment de *Brun-hilda.* (2ᵉ tableau)

20 39 — **Lalo.** Romance : *Dieu qui sourit,* de Victor Hugo.

15 40 — **Lefebvre (Ch.).** Andante et Prélude du 3ᵉ acte d'*Eloa.*

29 41 — **Massenet.** *Les Mères.*

20 42 — **Messager (A.).** Andante du 4ᵉ acte de la *Mort d'Hélène.* 50

7.50 43 — **Nux** (de la). Romance inédite. (Poésie de Louis Viardot)

12 44 — **Reyer.** Fragment du 3ᵉ acte de *Sigurd.*

478ᵖ

45 — **Salomon (H.).** *Danse Mauresque.*

46 — **Saint-Saëns.** *Adagio* pour orgue. Inédit. _ 1892 _

47 — **Thomas (Ambroise).** *Page de solfège.* m. s.

Manuscrits et Autographes

48 — **Armoises (O. des).** Manuscrit de l'*Episode de la Révolution.* 2 o

49 — **Barbier (J.).** Manuscrit de *Jeanne d'Arc,* drame en cinq actes et en vers. Inédit. Avec une lettre très curieuse.

50 — **Boyer.** *L'homme-poésie.*

51 — **Catulle Mendès.** *Poésie.*

52 — **Claretie (J.).** *Préface d'un roman.*

53 — **Coppée (F.).** *On rend l'argent.* Roman manuscrit.

54 — **Doucet (C.).** *Poésie inédite.*

55 — **Dumas père (A.).** Autographe.

56 — **Dumas fils (A.).** *La Maison du vent.* Manuscrit.

57 — **Goncourt (Ed. de).** *Les frères Zemganno,* illustrés avec envoi.

58 — **Halévy (L.).** Préface de l'*In-vasion.*

59 — **Godebsky (Franz).** Manus-crit inédit. *(Musique)* Lied: Œillets

60 — **Houssaye (A.).** Une lettre datée de 1839, avec annotation curieuse ; un autographe d'Alphonse Karr et un dessin.

61 — **Knorr (Baronne).** *Pensées,*

62 — **Lavigerie (Louis).** Un auto-graphe.

63 — **Legouvé.** Autographe.

64 — **Meilhac.** Le 2ᵉ acte de *Mar-got.*

65 — **Morand.** — Poésie manus-crite du 1ᵉʳ acte d'*Yzeyl.*

66 — **Piazzi.** Un volume avec envoi.

67 — **Regnald.** Deux volumes avec envois et dix abonnements de six mois à la *Simple Revue.*

68 — **Renan.** Feuilles détachées et un autographe.

69 — **Sardou (V.).** Manuscrit du 1ᵉʳ acte de *Thermidor.*

70 — **Sarcey (F.).** Manuscrit d'un vaudeville de la jeunesse du Critique, avec indication : *Titre à trouver*, et une curieuse lettre autographe, déclarant que cette pièce n'a jamais été imprimée ni jouée, et ne le sera probablement jamais ; que du reste, il trouve ce vaudeville idiot.

71 — **Sylvestre (A.).** Poésie : *Le Printemps.*

72 — **Sylvestre (A.).** Quinze autographes d'artistes célèbres.

73 — **Sylvestre (A.).** Neuf volumes signés par l'auteur.

74 — **Zola (E.).** Manuscrit du roman *La Guerre.*

65 — Lot de quinze autographes divers.

66 — **Mme la comtesse de Trouvère.** Un bel éventail chinois.

67 — **Mme Emma Milton.** Un autographe d'Alphonse Karr.

68 — **Mme de Pontmagne.** Un album de dessins et trois morceaux de musique.

714 ...   Barthelier...
  10   Arsène Houssaye 1852
  1   4 p.: (artistes de l'Opéra ?) Ma
             rimon ... et Constans (ancien
             ministre)
1.50 5 p.: (artistes.) de Reské, Du
             flos, ... de Lapommeraye
  6   Arsène Houssaye
  2   Sarah Bernhardt (Mme)
  2   Ch. Gounod - 1893 -
4.50 4 p.: Th. de Banville, Jul. Bar
             bey d'Aurevilly.... - Men
                                        del
3.50 3 p.: Sully - Prudhomme,
             St Saëns, Massenet - Mendel
1.50 4 p.: L.. Halévy, C.. Doucet...
.746. »

n° 75 (65)

Musique
—

Page d'album (m. s.) d'un
musicien inconnu ?

3 morceaux (imprimés) de
Ch. Labor . . . .

746
9
———
755